एक मुंतज़िर की शिकस्त

THE DEFEAT OF ONE WHO WAITS.

एर
AIR
{RATHOD.ARNAV}

ॐ श्रीं गं सौभाग्य गणपतये वर्वर्द सर्वजन्म में वषमान्य नम:

वक्रतुण्ड महाकाय सूर्यकोटि समप्रभ। निर्विघ्नं कुरु मे देव सर्वकार्येषु सर्वदा

हर हर महादेव

उन सभी को समर्पित,
जिन्होंने इंतज़ार किया और शायद कभी जवाब नहीं पाया,
जिनकी मोहब्बत अधूरी रह गई,
और उन दिलों को जो ख़ामोशी में टूटते रहे।
यह किताब उनके नाम है,
जिन्होंने दर्द के बावजूद प्यार करना चुना,
और जिनके इंतज़ार ने उन्हें अनोखी ताब और ताकत दी।
आपकी कहानियाँ इस किताब में ज़िंदा रहेंगी।

ॐ नमः शिवाय

क्रम-सूची

Dedication	xi
प्रस्तावना	xiii
PREFACE	xv
भूमिका	xvii
ROLE	xix
पावती (स्वीकृति)	xxi
Acknowledgment	xxiii
आमुख	xxv
Foreword	xxvii

RATHOD ARNAV

1. दूर जाऊ या डूब जाऊ ?	3
2. An Unyielding Love	4
3. बेघर	5
4. Drifters Of Desire	6
5. इंतेहा	7
6. The Extremity Of Love	8
7. पाबंदी	9
8. The Impact Of A Single Glance	10
9. फकीर	11
10. The Fakir Of Love	12
11. कातिल	13
12. The Killer Of Love	14
13. झुमके	15
14. The Flow Of Tresses	16
15. मुलाकात	17

क्रम-सूची

16. A Meeting With Myself — 18

17. अनदेखे आंसू — 19

18. The Pain Of Separation — 20

19. ज़ख़्म — 21

20. Wounds Of Love — 22

21. राज़-ए-हालत — 23

22. The Prayer Of Sadness — 24

23. ख्वाबीदा साथ — 25

24. The Farewell In Dreams — 26

25. चाँद सा नूर — 27

26. Radiance Of The Moon — 28

27. खता की कीमत — 29

28. The Cost Of Mistake — 30

29. तुम मेरे — 31

30. What You Mean To Me — 32

31. साथ की ताकत — 33

32. The Power Of Your Presence — 34

33. उनके बिना मैं कुछ नहीं — 35

34. The Habit Of You — 36

35. हसी — 37

36. The Smile That Left — 38

37. तेरी खामोशी — 39

38. Your Silence — 40

39. तेरा इंतज़ार — 41

40. Waiting For You — 42

क्रम-सूची

41. अब कोई नहीं स्तायेगा तुम्हे   43

42. No Longer Will I Bother You   44

43. तेरी दुआ   45

44. Your Blessing   46

45. कब्र   47

46. Adorning The Grave   48

47. अब मैं कुछ नहीं कर पाऊंगा   49

48. The Weight Of Loneliness   50

49. क्या मौत बेहतर है?   51

50. Is Death Better?   52

51. मौत की दस्तक   53

52. The Knock Of Death   54

53. फूलो की माला   55

54. Garland Of Flowers   56

55. मृत्यु के परे   57

56. Beyond Death   58

57. शराबी आँखें   59

58. Drunken Eyes   60

59. प्यार की किताब   61

60. The Book Of Love   62

61. पिंजरा   63

62. The Cage   64

63. आँखों का इलाज   65

64. The Cure For My Eyes   66

65. पता   67

क्रम-सूची

66. Your Location   68

67. इश्क़ की बंदगी   69

68. Bound By Love   70

69. बेशकीमती तारा   71

70. The Priceless Star   72

71. एक छोटा सा वादा   73

72. A Simple Promise   74

73. रूह-ए-मोहब्बत   75

74. Soulful Love   76

75. मेरा जवाब तुम हो   77

76. You Are My Answer   78

77. खामोश उदासी   79

78. Silent Sadness   80

79. ज़िंदगी का तोहफ़ा   81

80. Life's Gift   82

81. बिछड़ती नज़रें   83

82. Fading Gazes   84

83. आज़ादी या तन्हाई   85

84. Freedom Or Loneliness   86

कुछ अंतिम शब्द   87

FEW LAST WORDS   89

Dedication

Dedicated to all those who waited and perhaps never received an answer,
to those whose love remained incomplete,
and to the hearts that silently broke.
This book is for those who chose to love despite the pain,
and for whom waiting became a source of unique strength and resilience.
Your stories will live within these pages.

प्रस्तावना

जटिल भावनाओं और क्षणिक लम्हों से बुने हुए एक संसार में, EK MUNTAZIR KI SHIKAST मानव अनुभव का एक दिल से जुड़ा प्रतिबिंब के रूप में उभरता है। यह संग्रह केवल कविताओं की एक श्रृंखला नहीं है; यह एक गहन व्यक्तिगत यात्रा है जो प्रेम, समझ और संबंध की प्रतीक्षा की सार्थकता को समेटे हुए है।

पाठकों को प्रेम, क्षति और गहरे तड़प की एक मार्मिक खोज का गवाह बनने के लिए आमंत्रित किया जाता है, जो अस्तित्व को रंग देता है। प्रत्येक कविता लेखक की आत्मा में एक खिड़की के रूप में कार्य करती है, जो गहरे विचारों और भावनाओं को प्रकट करती है। पहले प्रेम की उत्साह से लेकर दिल के टूटने की भयानक छायाओं तक, ये पद्य वास्तविकता और संवेदनशीलता के साथ गूंजते हैं। कविताएं तड़प की सार्थकता को पकड़ती हैं–एक ऐसी तड़प जो साधारण लम्हों को असाधारण में बदल देती है, जिससे साधारण अनुभव भी गहन रूप से महत्वपूर्ण लगते हैं।

EK MUNTAZIR KI SHIKAST शीर्षक केवल प्रेम की प्रतीक्षा को ही नहीं दर्शाता, बल्कि इसके साथ आने वाले अनिवार्य परीक्षणों को भी संकेत करता है। यह संग्रह आशा और निराशा के द्वंद्व को सुंदरता से प्रस्तुत करता है, पाठकों को अपनी अपनी प्रतीक्षा और तड़प के अनुभवों पर विचार करने के लिए आमंत्रित करता है। जीवंत चित्रण और भावनात्मक भाषा के माध्यम से, लेखक इच्छाओं की कड़वी-मीठी प्रकृति को स्पष्ट करता है, यह दिखाते हुए कि यह एक साथ कैसे आत्मा को उठाने और बोझिल करने का काम कर सकती है।

यह कार्य संबंध और अलगाव के सार्वभौमिक विषयों पर बोलता है, पाठकों को साझा अनुभवों में सांत्वना खोजने के लिए आमंत्रित करता है। यह यात्रा सच्चाई की एक कच्ची honesty है, क्योंकि लेखक प्रेम और हानि की वास्तविकताओं का सामना करता है, एक ऐसी कहानी प्रस्तुत करता है जो कई लोगों के साथ गूंजती है। शब्द अव्यक्त विचारों का भार

लेकर आते हैं, जिससे पाठक अपने स्वयं के भावनाओं के साथ जुड़ सकते हैं जब वे इन पंक्तियों के माध्यम से यात्रा करते हैं।

अंत में, EK MUNTAZIR KI SHIKAST मानव आत्मा की सहनशक्ति और उन भावनाओं को व्यक्त करने की कविता की शक्ति का एक प्रमाण है जो अक्सर छिपी रहती हैं। यह एक ऐसा आमंत्रण है जो जुड़ने, सोचने और प्रतीक्षा की सुंदरता को पहचानने का अवसर देता है–उस यात्रा की सुंदरता, भले ही मंजिल अस्पष्ट लगे।

जब आप इस साहित्यिक यात्रा पर निकलें, तो लेखक के शब्द आपके भीतर गूंजें, प्रेम, तड़प और संबंध की अडिग खोज की सार्वभौमिक सच्चाइयों की प्रतिध्वनि करें। इस कविता के माध्यम से दिल साझा करने में, यह कार्य पाठकों के साथ बंधनों को बनाने की आशा करता है, उन्हें याद दिलाते हुए कि वे अपनी प्रतीक्षा, अपनी तड़प या अपने समझ की खोज में अकेले नहीं हैं।

Preface

In a world woven with intricate emotions and fleeting moments, EK MUNTAZIR KI SHIKAST emerges as a heartfelt reflection of the human experience. This collection is not merely a series of poems; it is a deeply personal journey that encapsulates the essence of waiting–waiting for love, understanding, and connection.

Readers are invited to witness a poignant exploration of love, loss, and profound yearning that colors existence. Each poem serves as a window into the author's soul, revealing innermost thoughts and feelings. From the exuberance of first love to the haunting shadows of heartbreak, these verses resonate with authenticity and vulnerability. The poems capture the essence of longing–a longing that transforms mundane moments into something extraordinary, making the ordinary feel deeply significant.

The title, EK MUNTAZIR KI SHIKAST, signifies not only the anticipation of love but also the inevitable trials that accompany it. The collection beautifully illustrates the dichotomy of hope and despair, inviting readers to reflect on their own experiences of waiting and yearning. Through vivid imagery and emotive language, the author articulates the bittersweet nature of desire, revealing how it can simultaneously uplift and weigh down the spirit.

This work speaks to the universal themes of connection and separation, inviting readers to find solace in shared experiences. The journey is one of raw honesty, as the author confronts the realities of love and loss, presenting a narrative that resonates with many. The words carry the weight of unspoken thoughts, allowing readers to engage with their own emotions as they traverse through the verses.

In the end, EK MUNTAZIR KI SHIKAST is a testament to the resilience of the human spirit and the power of poetry to articulate feelings that often remain hidden. It is an invitation to connect, to reflect, and to recognize the beauty in waiting—the beauty in the journey, even when the destination feels elusive.

As you embark on this literary journey, may the author's words resonate within you, echoing the universal truths of love, longing, and the indomitable quest for connection. In sharing a heart through poetry, this work hopes to forge bonds with readers, reminding them that they are not alone in their waiting, their longing, or their search for understanding.

भूमिका

एक मुन्तज़िर की शिकस्त में हम उस दिल की गहराइयों में उतरते हैं, जो प्यार और इंतज़ार के सागर में खोया हुआ है। यह कविताओं का संग्रह एक ऐसे आशिक की भावनाओं को उजागर करता है, जो इंतज़ार में है–शायद हमेशा के लिए, एक ऐसी मुलाकात के लिए जो कभी हो भी सकती है, और शायद नहीं भी। हर पंक्ति कवि के दिल का टुकड़ा है, एक ऐसा अक्स है जो अधूरी मोहब्बत, जुदाई के दर्द, और उन यादों की नाज़ुक खूबसूरती को बयाँ करता है जो अकेलेपन में भी प्यार को ज़िंदा रखती हैं।

इस संग्रह के माध्यम से, कवि टूटे हुए दिल के किस्से, आत्म-सम्मान पर विचार और अपने अस्तित्व पर प्रश्न पेश करता है–एक ऐसे हालात में जब उसके दिल का चैन कहीं खो गया है। यह किताब सवालों के जवाब देने का दावा नहीं करती, बल्कि पाठकों को आमंत्रित करती है कि वे इस साझा मानवीय अनुभव में सुकून पाएं–इंतज़ार, जुदाई की खामोशी, और एक ऐसे दिल की मजबूती, जो सभी बाधाओं के बावजूद प्यार करना चुनता है।

संवेदनशील और गहन भाषा के साथ, एक मुन्तज़िर की शिकस्त सिर्फ एक कविताओं का संग्रह नहीं है; यह उन लोगों के लिए एक साथी बन जाता है जिन्होंने इंतज़ार का दर्द, जुदाई का सन्नाटा और उस दिल की खामोश हिम्मत को महसूस किया है जो फिर भी प्यार करना चाहता है।

Role

In EK MUNTAZIR KI SHIKAST, we journey through the heart of a soul lost in the depths of love and longing. This collection of poetry captures the raw emotions of a lover waiting—endlessly and often hopelessly—for a reunion that may never come. Each verse is a fragment of the poet's heart, a reflection on unrequited love, the pangs of separation, and the fragile beauty of memories that keep love alive even in solitude.

Through this collection, the poet unfolds tales of heartbreak, reflections on self-worth, and questions about identity and belonging in the absence of a beloved. The book does not seek to provide answers but instead invites readers to find solace in the shared human experience of longing, waiting, and accepting loss.

With language as tender as it is profound, EK MUNTAZIR KI SHIKAST becomes more than a collection of poems; it becomes a companion for those who know the ache of waiting, the silence of separation, and the quiet resilience of a heart that chooses to love despite the odds.

पावती (स्वीकृति)

इस पुस्तक की यात्रा में, मैं उन सभी का हृदय से आभारी हूँ जो किसी न किसी रूप में मेरे साथ चले। मेरे दोस्तों के लिए: *दिठी.आर*, *शीरेन.के*, *उत्कर्ष.ए*, *याह्या.डी*, *शराफ.एच* , *कबीर.जे* जिन्होंने मेरी कविताएँ सुनीं, उनकी सराहना की और मुझे इस काम को पूरा करने के लिए प्रोत्साहित किया। मेरे परिवार को जिन्होंने मुझे लिखने की आज़ादी और साहस दिया, और हर उस व्यक्ति को जिसने मेरे शब्दों में अपना एक अंश पाया। मेरे पाठकों को विशेष धन्यवाद, जिनकी आँखों ने हर शब्द को अर्थ दिया है। यह आपकी वजह से है कि यह किताब एक अधूरी कहानी से पूरी यात्रा में बदल गई।

Acknowledgment

In the journey of this book, I am deeply grateful to everyone who walked alongside me in some way. To my friends: *Dithi.R*, *Sheerain.K*, *Utkarsh.A*, *Yahya.D*, *Sharaf.H*, *Kabeer.J* who listened to my verses, appreciated them, and encouraged me to complete this work. To my family who gave me the freedom and courage to write, and to each person who found a part of themselves reflected in my words.

A special thank you to my readers, whose eyes have brought meaning to every word. It is because of you that this book transformed from an unfinished story into a complete journey.

आमुख

एक मुन्तज़िर की शिकस्त एक अधूरी मोहब्बत की दास्तान है, एक ऐसे दिल की कहानी, जो इंतज़ार में डूबा है, खामोशी के साथ अपने जज़्बातों को सहलाता है। यह कविताओं का संग्रह नहीं, बल्कि एक प्रेम-पत्र है उन एहसासों के नाम, जिन्हें हर आशिक ने कभी न कभी महसूस किया है—चाहे वो अधूरा इंतज़ार हो, किसी की यादों का दर्द, या फिर खुद से ही खो जाने की तड़प।

हर पंक्ति में एक नया पहलू उभरता है—कभी दिल का बोझिलपन तो कभी किसी खोई हुई उम्मीद का सहारा। यह किताब सिर्फ कवि के दिल की आवाज़ नहीं है, बल्कि उन सभी के लिए एक आइना है, जिन्होंने अपनी मोहब्बत में जुदाई और तन्हाई का सामना किया है।

इन कविताओं के माध्यम से आप एक ऐसे सफर पर निकलेंगे, जहाँ प्रेम के गहरे रंग और उसकी शिकस्त दोनों ही देखने को मिलेंगे। यहाँ हर शब्द अपने अंदर एक ख़ामोश चीख समेटे है, हर शेर एक मुन्तज़िर के दिल की पुकार है, और हर कविता एक अधूरी दास्तान है जो सिर्फ आपके साथ बँटने के लिए लिखी गई है।

एक मुन्तज़िर की शिकस्त में आपका स्वागत है। इसे पढ़ते हुए, आप शायद अपने ही किसी भूले-बिसरे अहसास से रूबरू हो जाएं।

एक मुन्तज़िर की शिकस्त में प्रस्तुत कविताएँ मानवीय भावनाओं और उन विषयों से प्रेरित हैं जो अक्सर साहित्य, फ़िल्मों और कला में देखे जाते हैं। यह रचनाएँ उन एहसासों की अभिव्यक्ति हैं जिनसे कई लोग जुड़ाव महसूस कर सकते हैं, और इनका उद्देश्य प्रेम, प्रतीक्षा और बिछड़न जैसे अनुभवों की गहराई को दर्शाना है।

मैं यह स्पष्ट करना चाहता हूँ कि इन कविताओं में व्यक्त भावनाएँ मेरी मानसिक या भावनात्मक स्थिति को नहीं दर्शाती हैं। मैं अवसाद या किसी भी तरह की ऐसी अवस्था में नहीं हूँ। ये रचनाएँ केवल रचनात्मक कल्पनाओं का परिणाम हैं, न कि मेरे निजी अनुभवों का। इस रचनात्मक

यात्रा में मेरे साथ शामिल होने के लिए आपका धन्यवाद।

आमुख

यात्रा में मेरे साथ शामिल होने के लिए आपका धन्यवाद।

Foreword

EK MUNTAZIR KI SHIKAST is the story of an incomplete love, a tale of a heart immersed in longing, quietly embracing its own emotions. This collection of poetry is not just a series of verses but a love letter to those feelings every lover has experienced–whether it's the ache of unfulfilled waiting, the pain of memories, or the yearning to lose oneself entirely.

Each line reveals a new facet of love–sometimes the heaviness of the heart, other times the fragile hope that's barely holding on. This book isn't merely the poet's voice but a mirror for all who have encountered separation and solitude in love.

Through these poems, you will embark on a journey through the deep hues of love and its quiet defeats. Every word holds a silent scream, each verse is a cry from a waiting heart, and every poem is a story half-told, written just to share with you.

Welcome to EK MUNTAZIR KI SHIKAST. As you read, you may just rediscover some of your own forgotten emotions.

The poems in EK MUNTAZIR KI SHIKAST are inspired by universal human emotions and themes often portrayed in literature, films, and art. These works are expressions of feelings that many can relate to, and they aim to capture the depth and range of human experiences in love, longing, and loss.

I want to clarify that the emotions expressed in these poems are not a reflection of my own mental or emotional state. I am not experiencing depression or any similar condition. These verses are written as creative explorations rather than personal confessions. Thank you for joining me on this artistic journey.

RATHOD ARNAV

1. दूर जाऊ या डूब जाऊ ?

मर के जाऊ दूर या

डूब के जाऊ मै मर

ये तो सच है मेरा

प्यार रहेगा अमर

तूने छोड़ा ऐसा असर

की जिंदगी बन गयी

एक मुश्किल सफर

आजा लौटकर वापस

साथ बनाएंगे एक घर

रूह तड़पती है आज भी

जिस्म आज भी है दुखता

ये शायरी है मेरे

प्यार का सबुथ पुख्ता

2. An Unyielding Love

Should I die far away,
Or drown myself deep?
One thing remains true,
My love will not sleep.
You left such a mark on me,
Life has turned into a test,
A journey, endlessly hard,
Where I cannot find rest.
Come back, let's build a home,
Together, not apart.
My soul still aches,
My body, too, bears the scar.
These verses stand as proof,
Of the love I bear for you
Enduring and true.

3. बेघर

बैठे हैं चेन से
कहीं जाना तो है नहीं
हम बेघरो का कोई ठिकाना तो नहीं है
वो जो हमें पसंद है
कोन है कैसा है क्यू पुछते हो
हमने बताना तो है नहीं

4. Drifters of Desire

Sitting here at ease,
Nowhere really to go.
For us, the homeless ones,
There's no place we truly know.
The one we fancy—
Who they are, what they're like,
Why do you ask?
It's something we're not bound to show.

5. इंतेहा

अगर तुम समझ पाते मेरी चाहत की इंतेहा
हम तुमसे नहीं
तुम हमसे मोहब्बत करते
डर इसी का है
अगर तुम हमसे मोहब्बत करते
ना तुम तुम्हारे रहते
ना हमारे रहते

6. The Extremity of Love

If only you could understand the depths of my desire,

You would be the one in love with me,

Not I with you.

But that's what I fear

If you loved me as I love you,

Neither you would remain you,

Nor I would remain I.

7. पाबंदी

उठी ही नहीं निगाह फिर किसी और की तरफ
एक शक्स का दीदार मुझे इतना पाबंद कर गया
फिर चाहने की चाह ही बंद हो गई
एक शक्स का दीदार मुझे इतना पाबंद कर गया

8. The Impact of a Single Glance

My gaze never lifted toward anyone else,
One person's sight has bound me so completely.
The desire to desire faded away,
One person's sight has bound me so completely.

9. फकीर

ना रईस हूं, ना अमीर हूं
ना मैं बादशाह, ना मैं वजीर हूं
ऐ मेरे खुदा तेरे
इश्क की सल्तनत का मैं एक फकीर हूं

10. The Fakir of Love

I'm neither rich, nor am I wealthy,
Neither a king, nor a minister of any royalty.
Oh my God, in the kingdom of Your love,
I am but a humble fakir.

11. कातिल

अक्सर दिखाई नहीं देता पर
शामिल ज़रूर होता है जनाब
हर खुदखुशी करने वाले का कातिल जरूर होता है जनाब
उस कातिल पर किसी का शक नहीं जाता क्योंकि वो दुश्मन नहीं
प्यार करने वाला होता है
अब समझे क्यू
हर खुदखुशी करने वाले का कातिल जरूर होता है

12. The Killer of Love

Often unseen, yet surely present,
Every person who takes their own life
Has a killer, without a doubt.
That killer is never suspected,
For they are not an enemy, but a lover.
Now do you understand why
Every person who takes their own life
Has a killer, without a doubt?

13. झुमके

खुली थी जुल्फे और झुमके नजर आ रहे थे
हम करते भी क्या जनाब
आपको देखे जा रहे थे
आपको देखने के अलावा और हम कर भी क्या सकते थे
कसूर आपका नहीं आपके ज़ुल्फ़ो का है
वो खुल के लहरा जो रहे थे

14. The Flow of Tresses

Your hair was open, and the earrings shone,
What could we do, dear?
We were lost just watching you.
What else could we do but admire?
It's not your fault; it's your tresses' allure,
Flowing freely, making our hearts stir.

15. मुलाकात

तुम मिले तो क्यूं लगा मुझे
खुद से मुलाकात हो गई
कुछ भी तो नहीं कहा हमसे मगर
ज़िंदगी से बात हो गई

16. A Meeting with Myself

When I met you, why did it feel
Like I was encountering myself?
You said nothing at all to me,
Yet I felt a conversation with life itself.

17. अनदेखे आंसू

मजबूरी मे जब कोई जुदा होता है
ज़रूरी नहीं के वो बेवफा होता है
दे कर वो आंखों आंसू
अकेले में आपसे भी ज्यादा रोता है
सिर्फ आप नहीं
एक रिश्ता तोह

18. The Pain of Separation

When someone departs out of necessity,
It doesn't mean they're unfaithful.
With tears in their eyes,
In solitude, they cry even more than you.
It's not just you
It's a bond that feels the ache.

19. ज़ख्म

ज़ख्म एक पत्थर से हो
या हो एक चट्टान से
दर्द तोह दोनो ही देते है
जब ज़ख्म इश्क का हो
तोह दोनो ही बोहोत रोते है

20. Wounds of Love

Whether the wound comes from a stone,
Or from a boulder that's been thrown,
Both bring pain, there's no doubt,
But when it's a wound of love,
Both cry out loud.

21. राज़-ए-हालत

पास है लेकिन उदास है

मेरी ख़ुशी आज मुझसे नाराज़ है

रोज़ पढ़ती है मेरे लिए वो दुआ

हरोज़ पूछती थी क्या हुआ

मैं जवाब देता था कुछ नहीं

आज फिर उसने मुझसे पूछा क्या हुआ

मैंने भी कह दिया शायद तुमसे प्यार

आज कल तबीयत नहीं सुधरती

शायद वो अब मेरे लिए दुआ नहीं पढ़ती

22. The Prayer of Sadness

You're near, yet there's sadness,
My happiness is now upset with me.
She prays for me every day,
Always asking what's wrong,
I'd reply, "Nothing at all."
Today, she asked me once more what's wrong,
And I said, "Perhaps it's love for you."
These days, my health isn't getting better
Maybe she no longer prays for me.

23. ख्वाबीदा साथ

नींद में भी गिरते हैं आंसू
तुम ख्वाबों में भी साथ छोड़ जाते हो
बेशाक़ कभी काबर आते हो पास भी
पर जब जाते हो तब गम भी दे जाते हो
कईयों से भले ही पास है हम
पर तुमसा न हसीन कोई
फिर बिछड़ के रातों में रुलाते हो
तुम ख्वाबों में भी जो साथ छोड़ जाते हो

24. The Farewell in Dreams

Even in sleep, tears fall,
You leave me behind in dreams too.
Though you sometimes come close,
When you leave, you bring sorrow anew.
Though I may be near many others,
No one is as beautiful as you.
Yet in the nights apart, you make me cry,
You who leave me behind even in dreams.

25. चाँद सा नूर

तुम बिलकुल चाँद की तरह हो
नूर भी, घूरूर भी और दूर भी।
तुम्हें घूरुर है खुबसुरती का
और हमें तुम्हें अपना बताने का
तुम्हारे नज़ाकत का ही तोह यह सुरूर है

26. Radiance of the Moon

You are just like the moon,
Both radiant and distant, with an air of pride.
You exude confidence in your beauty,
While I long to claim you as mine.
It's the charm of your grace that creates this
intoxication.

27. खता की कीमत

हम ना रहे तोह तुम ने किसी और को चुन लिया
हमसे ऐसी क्या हुई खता जो तुमने नया रिश्ता बुन लिया
चलो जो कहा तुमने वोह सब मान लिया
पर तुम ही तोह कहती थी ना
मैं तुम्हारा राम और तुम मेरी सिया

28. The Cost of Mistake

When I'm gone, you chose someone else,
What fault did I commit for you to weave a new
bond?
Alright, I believe everything you say,
But you were the one who claimed,
" You are my Sita and I am your Ram,."

29. तुम मेरे

कैसे में समझाऊं
क्या हो तुम मेरे
तुम ही दिखोगे हर वक्त
चाहे सामने आजाएं लाख चेहरे
भले ही हम अब साथ नहीं
तुम्हे ही याद करता, ये दिल
शाम-ओ-सवेरे
कैसे में समझाऊं
क्या हो तुम मेरे
तुम ही थे साथ मेरे
जब ज़िंदगी मे थे अंधेरे
कैसे में समझाऊं
क्या हो तुम मेरे

30. What You Mean to Me

How can I explain,
What you mean to me,
You're the one I see every moment,
Even when surrounded by countless faces.
Though we're no longer together,
This heart remembers you,
Morning and evening, endlessly.
How can I explain,
What you mean to me.
You were the one by my side,
When life was lost in darkness,
You were my guiding light.
How can I ever put into words,
What you mean to me.

31. साथ की ताकत

हमने तो आपकी आंखों से पी है
उतर ने में सदियां बीत जाएंगी
आप साथ होंगे तो
सारे जंग जीत जायेंगे.
आप कहे तो चाँद-तारे भी तोड़ लेंगे
आप कहें तो सिकंदर को मार दे
आप कहे तो Garry Kasparov को मात दे
क्योंकि अगर आप साथ होंगे तो
हम सारे जंग जीत जायेंगे.

32. The Power of Your Presence

I've sipped life through the depths of your gaze,
It would take centuries to absorb what I've felt.
If you're by my side,
We could conquer every battle,
Win every war.
Tell me to bring down the stars and the moon,
And I would pull them from the heavens.
Tell me to challenge even Alexander,
Or outwit Garry Kasparov himself,
And I would make it so.
For with you beside me,
There's no battle I cannot win.

33. उनके बिना मैं कुछ नहीं

अब नहीं रहा जाता उनके बिना
आदत सी होगई है
उनके खयालों में नींद मेरी
कहीं खो सी गई है।
अब उनके बिना
जिंदगी मुरझा सी गई हैं
कया करे अब,
उनकी आदत जो हो गई है

34. The Habit of You

I can't bear it anymore, being without you,
Your presence has become my habit.
Lost somewhere in thoughts of you,
My sleep has drifted far away.
Now, without you,
Life has withered and faded.
What am I to do?
I've become so accustomed to you.

35. हसी

तुम पूछते हो
नाराज़ क्यू हो
अब हंसने का क्या मतलब
अब मेरी हसी ही मुझसे नाराज़ है

36. The Smile That Left

You ask me,
Why am I upset?
What meaning does laughter hold now,
When even my smile has turned away from me.

37. तेरी खामोशी

तेरे कलेश, तेरे नखरे, तेरा प्यार,
सब मंजूर है.
बस ना मंजूर है तो
तेरी खामोशी,
ना मंजूर है तेरी जुदाई.

38. Your Silence

Your troubles, your quirks, your love—
I accept them all.
But what I cannot bear
Is your silence,
And what I cannot accept
Is your departure.

39. तेरा इंतज़ार

जीते जी रोज मरता हूं
क्योंकि प्यार तुमसे करता हुं
तुम ना रहोगे तो किस्से झुगड़ूंगा मै
अब तुम नही रहोगे तो किस्से प्यार करूंगा मैं
अब इश्क होगया है तुमसे
तुम्हारे बिना
दुनिया मैं भटकेंगे गुमसे
अब बैठे हुए है आपके इंतज़ार में
इस परिपक्व दुनिया में हम मासूम है
लौट आओ तुम्हारी याद आती है
रोज सताती है
हमे तड़पाती हैं
अब मुझे रोज जीते जी मार जाती है

40. Waiting for You

Each day I die a little,
Because I love you.
If you're not here, who will I argue with?
If you're gone, who will I love?
This love has grown deep within me,
And without you,
I wander lost in this world.
Here I sit, waiting for your return,
In this world so mature, I am but innocent.
Come back—your memories haunt me,
They torment me every day,
They pierce my soul,
Killing me a little more each day I live without you.

41. अब कोई नहीं स्तायेगा तुम्हे

अब कोई नहीं स्तायेगा तुम्हे
अब कोई मनाएंगे भी नहीं तुम्हे
अब हालत पूछने मैं नही आऊंगा
तुम ही आना
पर घर नही, कब्रिस्तान आना
मेरी कब्र पे एक आखरी बार प्यार से फूल चढ़ाना
और मेरी शिकायत मुझी से करना,
की कितना बुरा हू मैं
जो तुम्हे अकेला छोड़ गया
खैर छोड़ो
अब और नहीं सताऊंगा तुम्हे

42. No Longer Will I Bother You

No one will trouble you now,
No one will try to persuade you anymore.
I won't come to check on you,
But you can come,
Just not to my home—come to my grave.
Place a flower with love, just one last time,
And tell me how wrong I was
To leave you all alone.
But let it go;
I won't trouble you anymore.

43. तेरी दुआ

जैसे ही होती है सुबह
सबसे पहले माँगता हूँ तेरी दुआ
क्या बताऊ
तूने मुझे कुछ ऐसा चुआ
कि प्यार कर बैठा तुझसे मेरा हर रूआह
बस रोज मांगता हूं तेरी ही दुआ
जैसी ही होती सुबह
हा मेरी जान सही समझ

44. Your Blessing

As soon as the morning dawns,
You are the first I ask for blessings.
What can I say?
You touched me in a way
That every part of me fell in love with you.
So every day, I ask for your blessing,
As the morning breaks.
Yes, my love, I truly mean it.

45. कब्र

कब्र सजाने से
आदमी फिर जिंदा नहीं होता
जुदा होकर आदमी सिर्फ यार को ही नहीं
खुदको भी है खोता

46. Adorning the Grave

Adorning the grave
Doesn't bring a man back to life.
When separated, one loses not just a beloved,
But also a part of oneself.

47. अब मैं कुछ नहीं कर पाऊंगा

अब मैं तुझे खुश नहीं देख पाऊंगा
अब मैं कुछ नहीं कर पाऊंगा
अब ये दिल तेरे लिए नही धड़कता
और अब इसे तेरे लिए धड़का भी नही पाऊंगा
क्योंकि, अब ये दिल मेरे लिए भी नही धड़कता।

48. The Weight of Loneliness

Now, I won't be able to see you happy,
Now, I can do nothing at all.
This heart no longer beats for you,
And I can't make it beat for you either,
Because now it doesn't even beat for me.

49. क्या मौत बेहतर है?

क्या मौत बेहतर है
अगर उससे दूर रह के जीना होगा
तोह हा मौत बेहतर है।
अगर उससे रोज देख कर भी
उसके पास ना राहु
तोह हा मौत बेहतर है।
अगर वो मुझसे अलग होके भी खुश है
तोह हा मौत बेहतर है।
अगर उसके दूर होने से खुदको खो चुके हो
तोह हा मौत बेहतर है।
अगर उससे दूर रह के जीना होगा
तोह हा मौत बेहतर है।

50. Is Death Better?

Is death better,
If I must live far away from you?
Yes, death is better.
If I see you every day
But can't reach you,
Yes, death is better.
If you're happy without me,
Then yes, death is better.
If I've lost myself in your absence,
Then yes, death is better.
If I must live without you,
Then yes, death is better.

51. मौत की दस्तक

मौत ने आज फिर मेरे दरवाजे पे दस्तक दी
तुम्हारे साथ कुछ और वक्त बिताने का बहाना कर,
मैने दरवाजा बंद किया
पर आज मैने उससे अंदर आने दिया,
क्योंकि तुम अब बात जो नही करना चाहती।

52. The Knock of Death

Today, death knocked at my door again,
I made an excuse to spend more time with you,
And shut the door.
But today, I let it in,
Because you no longer want to talk to me.

53. फूलो की माला

लाना उन फूलो की माला बनाके
जो मैने दिए थे तुम्हे आज तक
सोचा था कहेंगे ये हम निकाह के वक्त पर
पर न जाने की ऐसा क्या होगया
जो तुमहे लाना पड रहा है मेरे जनाज़े पर

54. Garland of Flowers

Bring the garland of flowers
That I had given you until now.
I had hoped to say this
At the time of our wedding.
But I don't know what happened,
That you must bring them to my funeral.

55. मृत्यु के परे

जो रहे वो इश्क
जो ना रहे वो भी इश्क
जो जुदा होने पे खतम वो केवल मोह
जो मृत्यु के पश्चात ना मरे
वो ही सच्चा इश्क

56. Beyond Death

Love that stays is love,
And love that doesn't is still love.
Only affection ends when parted,
But love that doesn't die after death,
That is true love.

57. शराबी आँखें

तुम्हे लगती होगी ये भले ही मौसिकी
पर तेरी आंखों ने ही तोह बनाया है मुझे शराबी

58. Drunken Eyes

You may think this is mere acting,
But it is your eyes that have turned me into a
drunkard.

59. प्यार की किताब

मेरी मेज़ पर एक किताब रखी है
प्यार कैसा मुझे नहीं पता
खोल के देखना उसे, उसके नाम से वाकिफ हो जाओगे
शायद इससे ही प्यार कहते है

60. The Book of Love

On my desk lies a book,
I don't know what love is.
Open it, and you'll become acquainted with thier name;
Perhaps this is what we call love.

61. पिंजरा

ये पसली नहीं
पिंजरा है
इसे खोलना मत
वरना अंदर छुपा वोह मखलूफ
फिर आशिकी कर बैठेगा

62. The Cage

These aren't just a ribs,
They are a cage.
Don't open it,
Or the creature hidden within
Will fall in love again.

63. आँखों का इलाज

अस्पताल के चलो मुझे
उसकी तस्वीर देखने की बीमारी है मुझे

64. The Cure for My Eyes

Take me to the hospital,
For I am afflicted with the illness
Of wanting to see their picture.

65. पता

कुछ लोग आए थे
तुम्हारा पता पूछते
सीने का घाव
अभी तक भरा नहीं

66. Your Location

Some people came,
Inquiring about your address,
The wound in my chest
Has yet to heal.

67. इश्क़ की बंदगी

ना तुम अब हमें देख मुस्कुराते हो
न तुम अब शर्माते हो
तुम तो बस अब हुकुम फरमाते हो
अलबत्ता गुलाम मै हु आपका
चूंकि तुम्हारे सिवा नहीं कोई मेरा

68. Bound by Love

You no longer smile when you look at me,
Nor do you blush as you once did.
Now, all you do is command,
And I obey like your faithful servant,
For, apart from you, I have no one else.

69. बेशकीमती तारा

मांग लो कोई तुम तारा
अगले सूरज सारा जाहां होगा तुम्हारा
तुम वो बेश कीमती तारा
जिसके लिए मैं ज़िंदगी चाहूं गवाना

70. The Priceless Star

Ask for any star,
With the next sunrise, the whole world could be yours.
You are that priceless star,
For whom I'd give my life without remorse.

71. एक छोटा सा वादा

गुलशन है महकता
समा भी है सुहाना
जितना चाहो उतना सता लेना
बस दो इतना वादा
हमे कभी ना रुलाना

72. A Simple Promise

The garden is in bloom,
The atmosphere is divine.
Tease me as much as you wish,
Just make me one promise
Never let me cry.

73. रूह-ए-मोहब्बत

मुझे इश्क़ तेरे लिबास से नहीं
तेरे एहसाज़ से है
जो जिस्म से हो
ऐसी हवस नहीं मेरी
मोहब्बत तोह तेरे रूह-ए-साज़ से है

74. Soulful Love

I'm not in love with the way you look,
But with the feelings you evoke.
My desire isn't bound to the body,
I crave not flesh, but your soul's melody.

75. मेरा जवाब तुम हो

पहले तोह मेरे हर परेशानी का जवाब
उसके पास था
अब तोह मेरी हर परेशानी
का जवाब है वोह

76. You Are My Answer

Before, they held the answer
To every trouble I had.
But now, they are the answer
To every trouble I have.

77. खामोश उदासी

अब नहीं आती मुझे ज़िंदगी रास
अब मेरा खास नहीं मेरे पास
न बोला जाता है
न सोया जाता है
अब जो मै हु मुझिसे उदास

78. Silent Sadness

Life no longer feels right,
Now that my special one is out of sight.
I can neither speak nor sleep,
And the person I am now
Even I find them steeped in grief.

79. ज़िंदगी का तोहफ़ा

समझ नहीं आता
ज़िंदगी ने मुझे तुमसे नवाजा है
या तुमने मुझे ज़िंदगी से

80. Life's Gift

I can't seem to understand—
Did life gift me with you,
Or did you gift me with life itself?

81. बिछड़ती नज़रें

अब उनसे नज़रे भी नहीं मिलती
जिनके आखों में हम गुम थे कभी

82. Fading Gazes

Now I can't even meet their gaze,
In whose eyes I was once lost.

83. आज़ादी या तन्हाई

जब कोई ना तुम्हे उठाए

सुबह रोज़

जब ना पूछे कोई

कहा हो, कैसे हो

जब ना इंतेज़ार करे कोई

रात को

क्या है ये

आज़ादी या तन्हाई

84. Freedom or Loneliness

When no one wakes you
Each morning anymore,
When no one asks
Where you are, how you've been,
When no one waits for you
Late into the night
What is this?
Freedom or loneliness?

कुछ अंतिम शब्द

यह किताब एक युवा दिल के उन टुकड़ों की खिड़की है जिसने गहराई से प्यार किया, बिछड़ने का दर्द सहा और सबसे खामोश रातों में भी उम्मीद का दामन थामे रखा। हर पन्ना एक पल को सहेजता है — एक अनकही याद, एक मूक चीख, एक अनसुनी ख्वाहिश। ये कविताएँ उस आत्मा की गूंज हैं जो बिना किसी झिझक के खुलकर सामने आई है, एक ऐसी भाषा में जहां प्रेम और दर्द का मेल होता है, जहाँ खामोशी भी भारी है, और कवि का सबसे सच्चा रूप उभरता है।

पाठक के लिए: आपके हाथों में सिर्फ शब्द नहीं हैं। यह उस दिल की यात्रा है जिसने प्रेम के तूफानों का सामना किया, जो गहराई से प्यार में डूबा, चुपचाप टूटा और फिर भी चलता रहा। ये कविताएँ, जो तड़प और ख्वाबों से जन्मी हैं, आपके भीतर घर बना सकें, और आपको याद दिलाएं कि प्रेम और दर्द दोनों में एक अजीब सी खूबसूरती होती है जो कभी पूरी तरह नहीं जाती।

Few Last Words

This book is a window into the fragments of a young heart that has loved fiercely, endured loss, and held onto hope through the quietest of nights. Each page is a moment preserved – a whispered memory, a silent cry, an unspoken wish. These poems are echoes of a soul baring itself without reservation, speaking in a language where love and pain dance together, where silence is heavy, and where the poet's truest self emerges.

To the reader: you hold more than just words in your hands. This is a journey of a heart that braved the storms of love, a heart that loved deeply, broke quietly, and kept going. May these verses, born from longing and dreams, find a home within you, and may they remind you of the haunting beauty that exists in both love and sorrow.

www.ingramcontent.com/pod-product-compliance
Lightning Source LLC
Chambersburg PA
CBHW020345180726